Angelika Feilhauer/Cornell Ehrhardt/Doris Rübel

Fun & Games in London

Ravensburger Buchverlag

Peter besucht seine Brieffreundin Jane in London. Er landet auf dem Heathrow Airport, Londons größtem Flughafen. Dort erwartet ihn bereits Familie Smith und ihr kleiner Hund Tim. Zähle, wie oft Tim im ganzen Heft zu sehen ist.

Vom Flughafen aus fahren sie zum Stadtteil Earl's Court. Am Hammersmith Flyover biegen sie ab und kommen nach Hammersmith. Von dort aus beschreibt Jane den Weg zu ihrem Haus. Weißt du jetzt, in welcher Straße die Smiths wohnen?

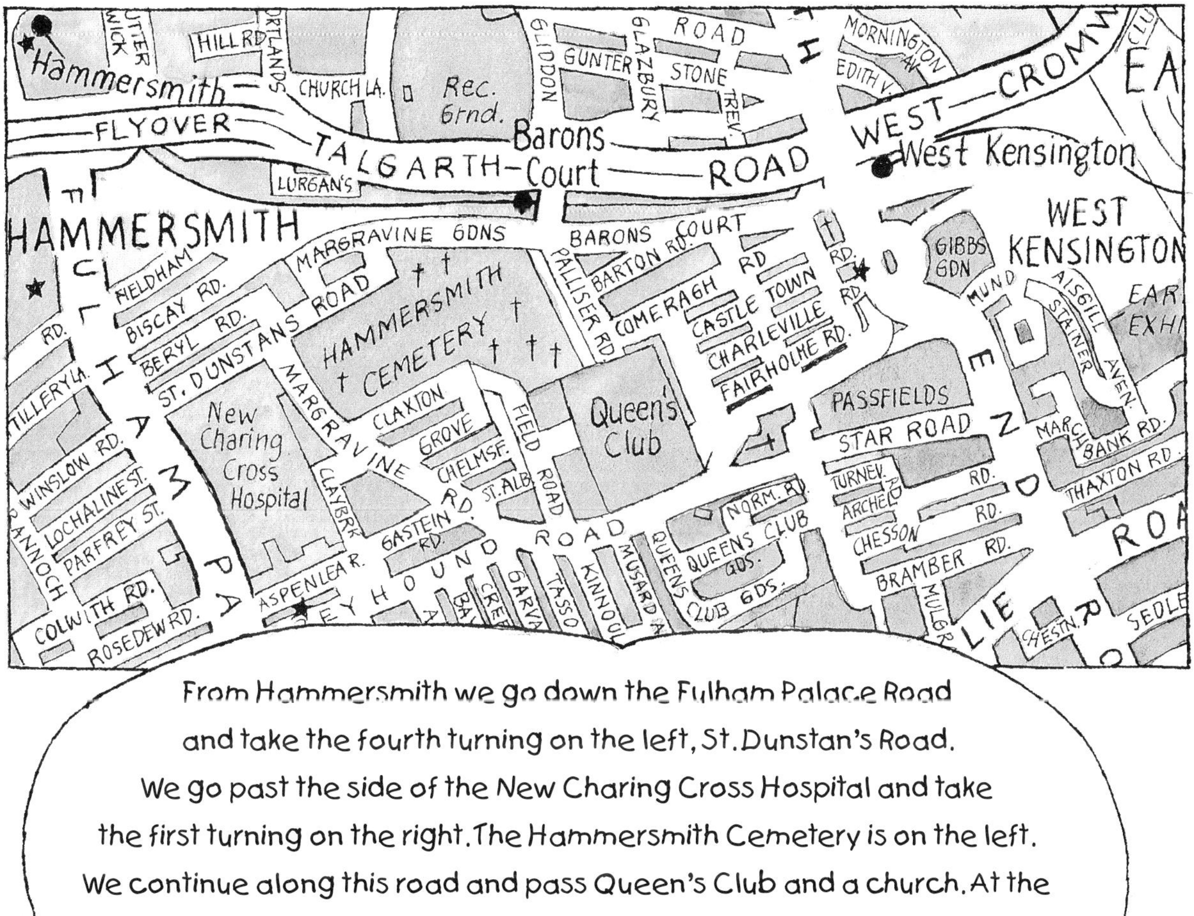

Am nächsten Morgen frühstückt Peter zusammen mit Jane. Was gehört zu einem englischen Frühstück? Lies die Wörter und suche sie in der Buchstabensuppe (senkrecht, waagrecht und diagonal).

Hier sind Fortbewegungsmittel abgebildet, die du alle in London sehen kannst. Trage die englischen Begriffe ein.
Die eingekreisten Buchstaben sagen dir, wie das bekannteste Londoner Verkehrsmittel heißt.

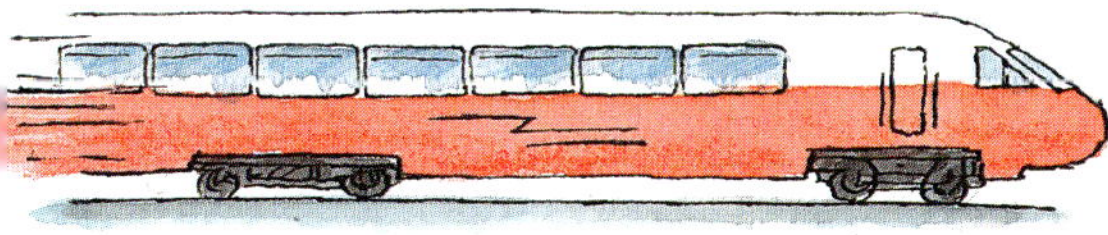

?

Who earns his living by driving his customers away?
A taxi driver.

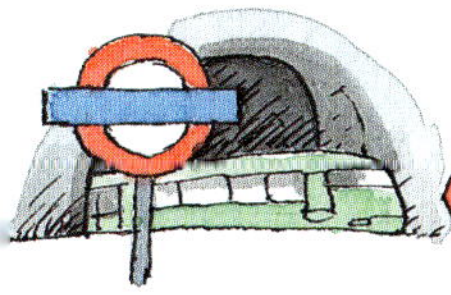

Lösung:

1	2	3	4	5	6	7	8	9	10	11	12

Peter und Jane machen eine Sightseeing-Tour – eine Stadtrundfahrt. Was besichtigen sie? Trage die Wörter richtig ein. Die markierten Buchstaben nennen dir ein englisches Volkslied.

London, Square, Tower of, Cathedral, Big, Hyde, Westminster, Parliament, Palace, St Paul's, Ben, Buckingham, Circus, Park, Piccadilly, Houses of, Trafalgar, Abbey

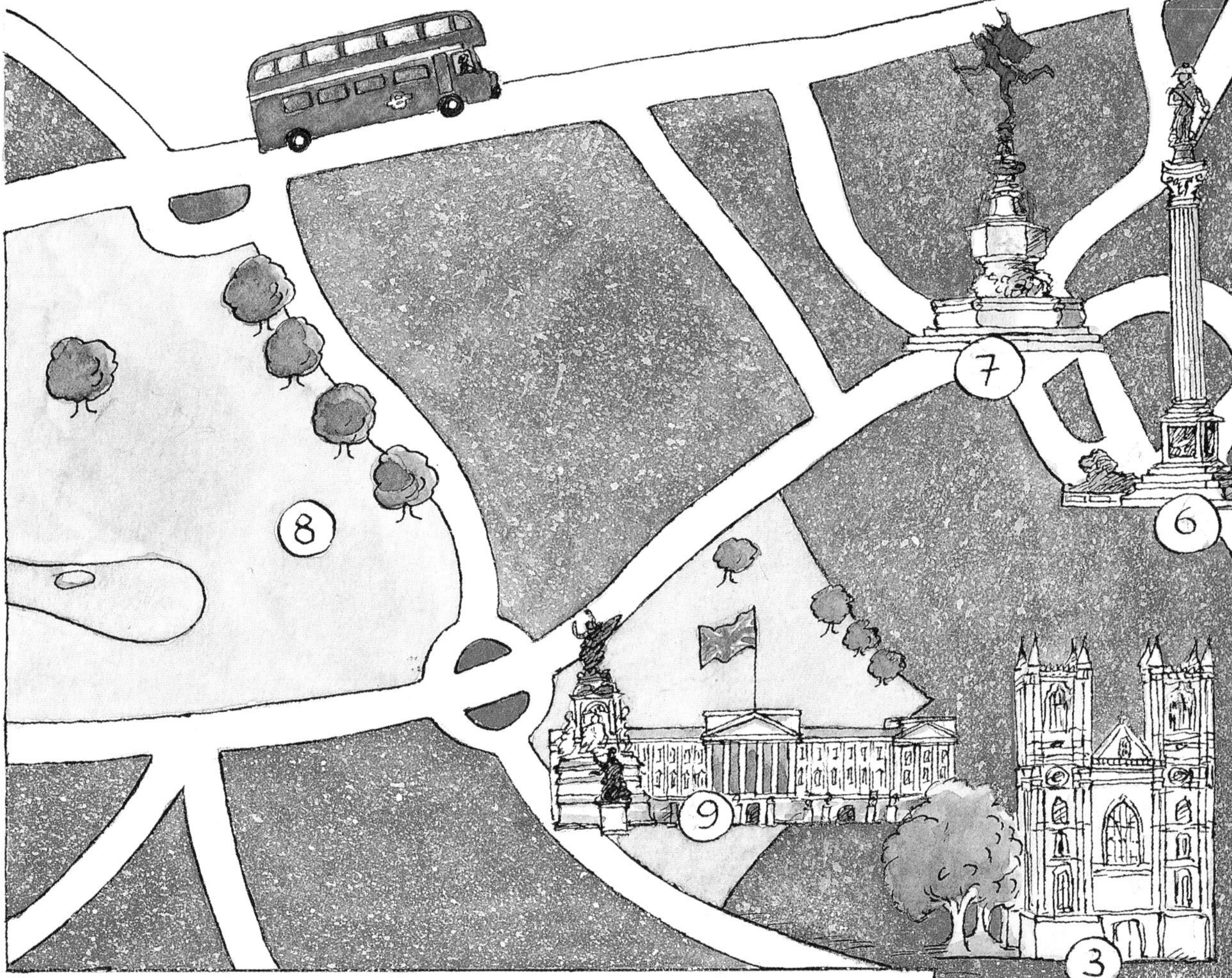

(1) Seat of the British Parliament

_ (1)

(2) Famous clocktower

_ _ _ _ _ _ _ (11) (3)

(3) Abbey where English kings and queens are crowned

_ _ _ _ _ _ _ _ _ _ _ _ _ _ _ _ _ (24) (19) (25) (16)

(4) Cathedral with a large dome, built by Christopher Wren

_ _ _ _ _ _ _ _ _ _ _ _ _ _ _ _ _ (17) (4)

(5) London's oldest palace; it lies on the River Thames

_ _(2) _ _ _ _   _(5) _   _ _(23) _ _(22) _ _(20)

(6) Square with a statue of Lord Nelson on a tall column

_ _ _ _(15) _ _ _(21) _ _(8)   _(14) _ _ _ _ _

(7) Busy circus in the centre of London where five big streets meet

_ _(13) _ _ _ _(10) _ _ _ _   _ _(9) _ _ _ _

(8) Big park in the centre of London

_ _ _ _(12)   _ _ _ _

(9) Palace where the Queen lives

_(7) _ _ _ _ _(6) _ _ _ _   _ _ _(18) _ _ _

ösung:

2	3	4	5	6

7	8	9	10	11	12

13	14

15	16	17	18	19	20	21

22	23	24	25

Jane zeigt Peter die Oxford Street, die berühmteste und längste Einkaufsstraße Londons. Dort begegnen ihnen Menschen aus verschiedenen Ländern. Ordne die Buchstaben und du erfährst die englischen Namen der Länder.

1. NAOCTDLS _ _ _ _ _ _ _ _ _
2. DNIAI _ _ _ _ _
3. APJNA _ _ _ _ _
4. UASID RAABIA _ _ _ _ _ _ _ _ _ _ _
5. UTDINE SETATS _ _ _ _ _ _ _ _ _ _ _ _
6. NEFCRA _ _ _ _ _ _
7. NYEKA _ _ _ _ _

In der Regent Street gehen sie zu Hamley's, einem der größten Spielzeuggeschäfte der Welt. Hamley's hat sechs Stockwerke voller Spielsachen. Was kauft Peter dort für seine beiden Geschwister? Schreibe jeweils den Gegensatz auf. Die farbigen Kästchen ergeben die Lösungswörter.

- slow ↔
- winter ↔
- wet ↔
- warm ↔
- night ↔
- small ↔
- black ↔
- good ↔
- long ↔
- answer ↔
- evening ↔
- never ↔
- west ↔
- right ↔
- before ↔
- rain ↔
- south ↔

?!

What do you get if you cross a pig with a zebra?
Striped sausages.

How can you tell if there is an elephant sleeping in your bed?
Look for peanut shells.

In der King's Road gibt es viele bekannte Modegeschäfte.
Wie heißen die Kleidungsstücke, die die Kinder anprobieren?
Verändere die Wörter wie angegeben und du erhältst ein
englisches Sprichwort. Weißt du, wie es auf Deutsch heißt?

Lösung:

① | ② | ③ | ④ | ⑤

Danach gehen Jane und Peter zu Harrods. Harrods ist sehr bekannt, weil es dort angeblich alles zu kaufen gibt. Was erleben sie dort? Wähle jeweils das richtige Wort und trage die passenden Buchstaben unten in die Kästchen ein. Das Lösungswort verrät dir, was Harrods ist.

At Harrods Jane says: "Mum wants us to buy some meet (A)/ meat (D) for dinner. How about lamb (E)/ lamp (M) chops, Peter?" "Yes, that's fine", says Peter, "with green beans (P)/ bees (T). And as a dessert we'll have peaches (A)/ beaches (S)". So they buy what they want and put everything into a back (D)/ bag (R). Then they go upstairs again.
On the third floor (T)/ flower (E) they meet Jane's aunt (M)/ ant (W) Emma. She is wearing a funny hat (E)/ head (I) and carrying a share (B)/ chair (N) under her arm. "Nice to sea (A)/ see (T) you, children", she says, "but I'm sorry, I'm in a hurry, the dog (S)/ dock (L) is waiting at home. Bye, bye."
Before Jane and Peter leave Harrods and go home, too (T)/ two (V), they buy tree (U)/ three (O) cans of English beer (R)/bear (N) for Peter's father and some soap (E)/soup (T) with a lovely smell for Peter's mother.

is a:

(1) Peter und Jane wollen mit dem Boot nach Hampton Court fahren, einem der ältesten Königspaläste Londons. Die Fahrt geht los bei den Houses of Parliament, den Parlamentsgebäuden. An deren Fahnenmast weht die britische Flagge, der Union Jack. Welche ist es? Zu welchen Ländern gehören die anderen Flaggen? Welche Flagge gibt es nicht?

(3) In Kew Gardens, einem der schönsten botanischen Gärten der Welt, machen Jane und Peter Zwischenstation. In den großartigen Gewächshäusern und auf zahllosen Beeten kann man mehr als 25 000 farbenprächtige Pflanzen bewundern. Trage die englischen Bezeichnungen für die abgebildeten Farben ein. Das Lösungswort ergibt etwas, was aus vielen verschiedenen Farben besteht.

2 Dann geht es flussaufwärts. Wie heißt der Fluss, auf dem sie fahren? Das Rätsel verrät dir seinen englischen Namen.

1. Einer der ältesten Königspaläste Londons
2. Der größte Flughafen Londons
3. Berühmtestes Kaufhaus **4.** Größtes Spielwarengeschäft Londons **5.** Park im Zentrum Londons
6. Riesiges Museumsschiff

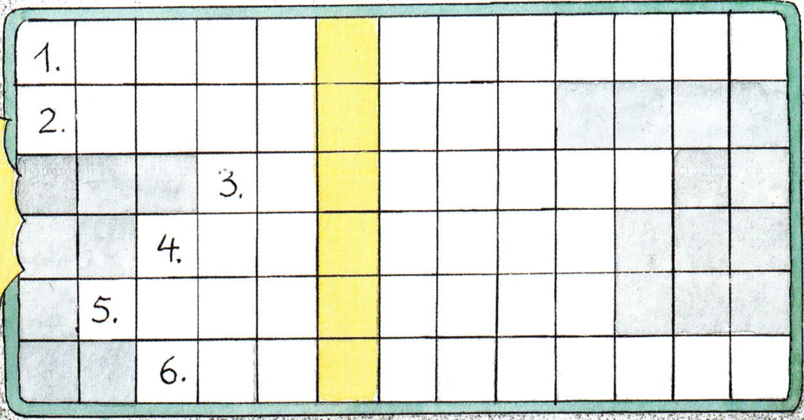

Peter und Jane besichtigen Hampton Court, einen der ältesten Königspaläste Londons. Dann gehen sie zum *maze*, einem Hecken-Labyrinth. Die Buchstaben auf dem Weg zum Ausgang verraten dir, wer einst in Hampton Court wohnte. Die deutsche Übersetzung lautet „Könige und Königinnen“.

Lösung:

Nach dem Ausflug sind die beiden hungrig und durstig.
Mr und Mrs Smith gehen mit ihnen in einen englischen Pub.
Dort bestellt jeder etwas zu essen und zu trinken.
Was sie sich ausgesucht haben, siehst du auf den Bildern.

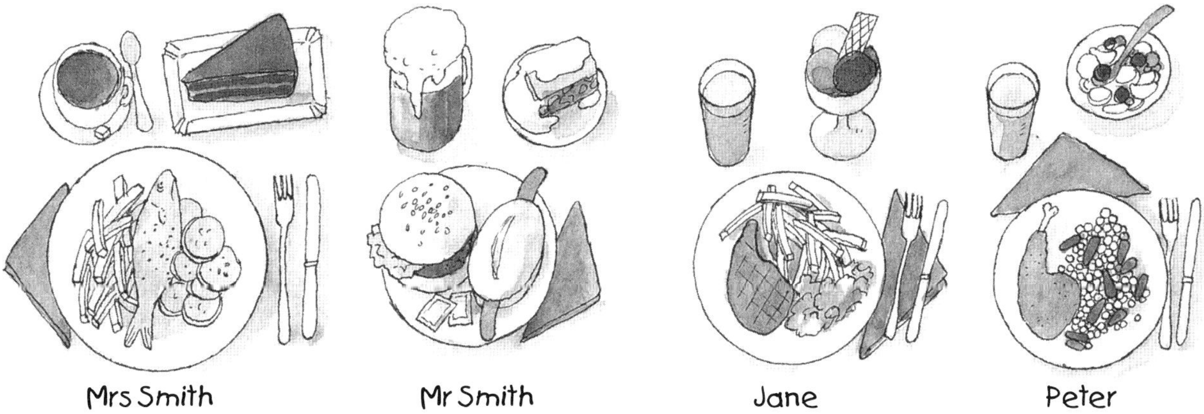

Der Kellner hat vergessen, wer was bestellt hat.
Kannst du ihm helfen?

Heute regnet es in Strömen und sie bleiben zu Hause. Jane hat sich ein Spiel rund um die Londoner U-Bahn ausgedacht. Peter muss dabei bestimmte U-Bahn-Stationen suchen. Die Anfangsbuchstaben der Stationen ergeben ein englisches Sprichwort, welches das Wetter beschreibt.

Tipp: Erklärungen stehen unten links auf dem U-Bahn-Plan.

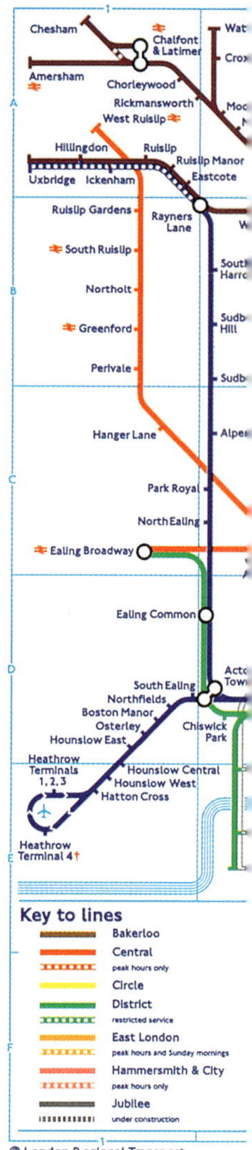

1. Wie heißt die Endstation der Docklands Light Railway? Sie liegt an der Themse.
2. Wo kreuzen sich Central Line und Northern Line?
3. Welche Station kommt vor Wimbledon Park?
4. Wie heißt auf der Piccadilly Line die Station zwischen Holborn und King's Cross/St. Pancras?
5. Welchen Namen hat die vierte Station, wenn man mit der Docklands Light Railway von Stratford zum West India Quay fährt?
6. Wie heißt die zweite Station, wenn man von Uxbridge mit der Piccadilly Line oder der Metropolitan Line ins Zentrum Londons fährt?
7. Wo kreuzen sich Central, Circle und District Line?
8. Wie heißt auf der Victoria Line die Station südlich von Finsbury Park? (Trage den Anfangsbuchstaben des zweiten Wortes ein.)
9. Wo endet die East London Line im Süden?
10. Wo kreuzen sich Jubilee, Victoria und Piccadilly Line?
11. Wie heißt die Endstation der Piccadilly Line im Norden?
12. Welchen Namen hat die Station zwischen Highgate und Tufnell Park, wenn man mit der Northern Line fährt?
13. Welche Station liegt auf Circle Line und District Line zwischen Embankment und Blackfriars?
14. Wie heißt die zweite Station, wenn man mit der Jubilee Line von Baker Street nach Stanmore fährt?
15. Wie heißt die Endstation der Metropolitan Line im Osten?
16. Nach welcher Station gabelt sich die Central Line im Westen?
17. Wie heißt die Station auf der Central Line zwischen Theydon Bois und Loughton?

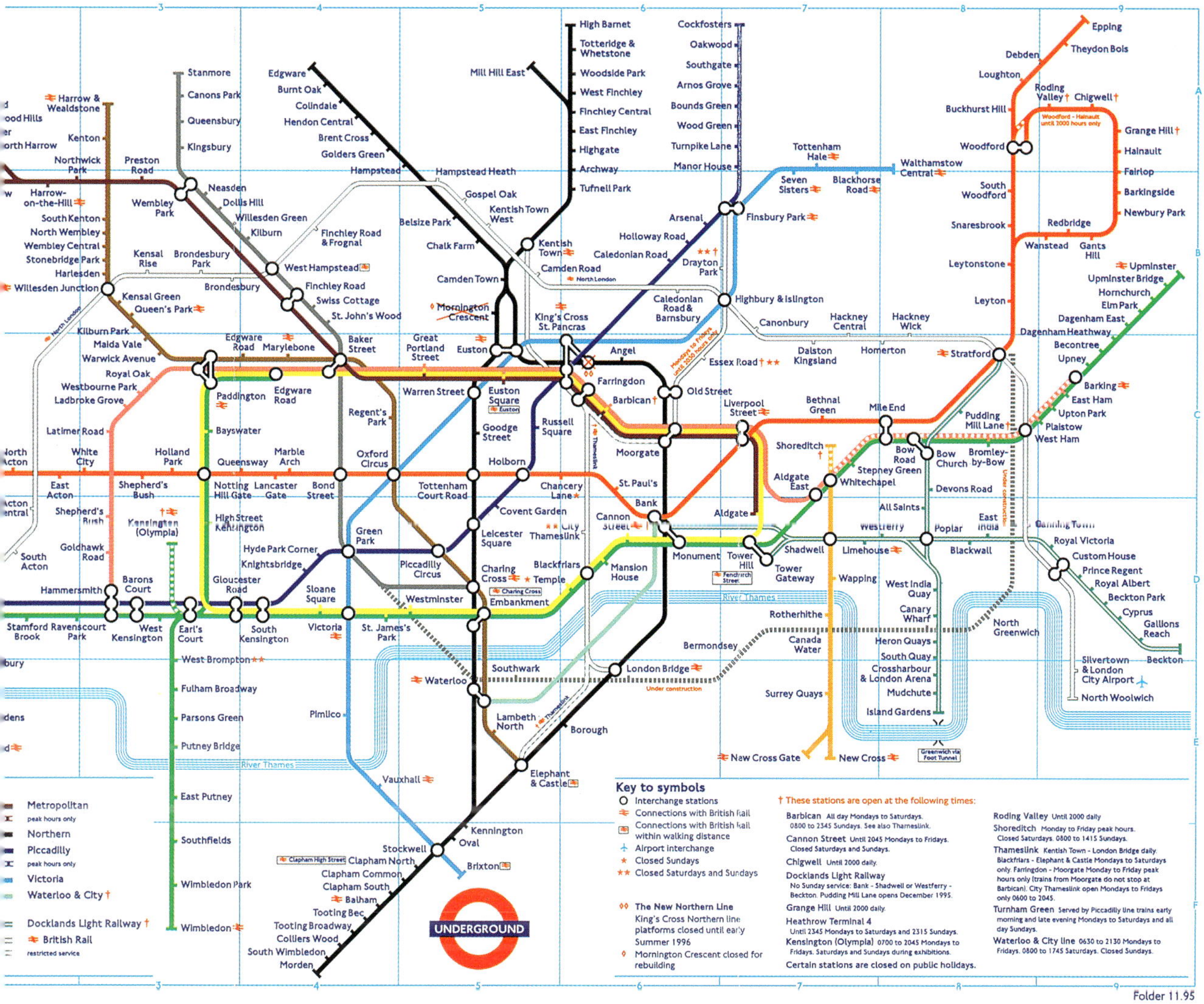

18. Welchen Namen hat die fünfte Station, wenn man mit der District Line von Upminster in die Innenstadt fährt?

19. Wo kreuzen sich Bakerloo, Victoria und Central Line?

20. Welche Station der Central Line liegt zwischen Newbury Park und Redbridge?

21. Wo kreuzen sich im Süden die Northern Line und die Victoria Line?

Lösung:

1	2	3

4	5	6	7	8	9	10

11	12	13	14

15	16	17

18	19	20	21

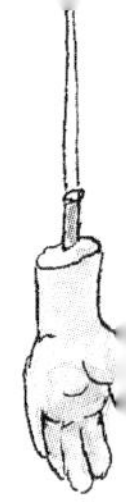

Auf dem Weg zu Madame Tussauds Wachsfigurenkabinett kommen die beiden durch die Baker Street. Im Haus Nr. 221b wohnte angeblich ein Detektiv, den der englische Schriftsteller Sir Arthur Conan Doyle erfand. An dem Bankgebäude, das heute dort steht, befindet sich eine Gedenktafel für diesen Detektiv. Knacke den Geheimcode und du weißt, wie der Detektiv und sein Assistent heißen.

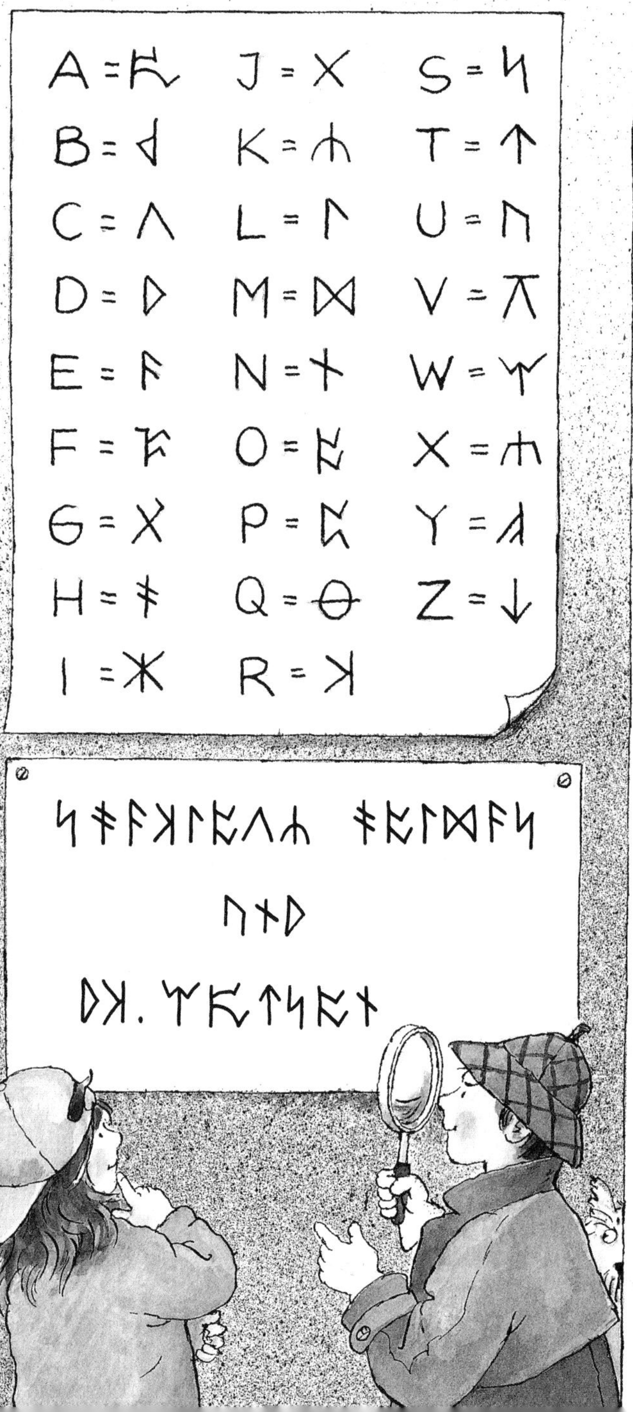

A Berühmter englischer Admiral, der 1805 in der Schlacht bei Trafalgar die französisch-spanische Kriegsflotte besiegte.

B Englischer König, der sechsmal verheiratet war und mehrere seiner Frauen hinrichten ließ.

C Dies ist das heutige Oberhaupt der englischen Königsfamilie.

D Bei diesem Mann handelt es sich um ein Mitglied der berühmtesten Musikgruppe der Welt.

E Dies ist der berühmteste englische Dichter aller Zeiten. Er lebte von 1564 bis 1616.

F Dieser bekannte englische Schriftsteller lebte von 1812 bis 1870. Er schrieb viele Romane wie etwa „Oliver Twist" und „David Copperfield".

G Englische Königin, die von 1837 bis 1901 regierte. Nach ihr und ihrem Ehemann ist ein bekanntes Museum in London benannt.

Peter ist beeindruckt vom Wachsfigurenkabinett. Es wurde 1835 von der Französin Madame Tussaud eröffnet und ist eine der berühmtesten Attraktionen Londons. Die Sammlung zeigt wichtige Persönlichkeiten und wird ständig erweitert. Trage die Namen der abgebildeten Personen in der richtigen Reihenfolge ein.

Ⓐ . . . . . (3) . . . . . .
Ⓑ . . . .
Ⓒ . . . . . . (5) . . . .
Ⓓ . . . . . . (1) . . . .
Ⓔ . . . . (6) . . . . . .
Ⓕ . . . . (4) . . . . . (7) .
Ⓖ . . . . (2) .

Die markierten Buchstaben ergeben weitere Produkte aus Wachs.

Lösung:

1	2	3	4	5	6	7

Peter und Jane besuchen den Zoo. Setze die Wortteile in den Luftballons richtig zusammen. Du erfährst dann, welchen Tieren man heute bei der Fütterung zusehen kann.

Ratlos steht Peter vor einem Gehege. Welches Tier lebt hier? Am Zaun hängt zwar ein Schild, doch er kennt den englischen Namen nicht. Verbinde die Zahlen miteinander und du weißt, welches Tier sich da versteckt hat.

Die beiden sehen noch andere Tiere. Trage ihre englischen Namen ein. Die Buchstaben in den türkisfarbenen Kästchen ergeben einen weiteren Tiernamen.

In London gibt es viele Museen. Heute regnet es und Jane und Peter wollen ein Museum besuchen. Sie schauen in einen Reiseführer, in dem die wichtigsten Museen kurz beschrieben sind.

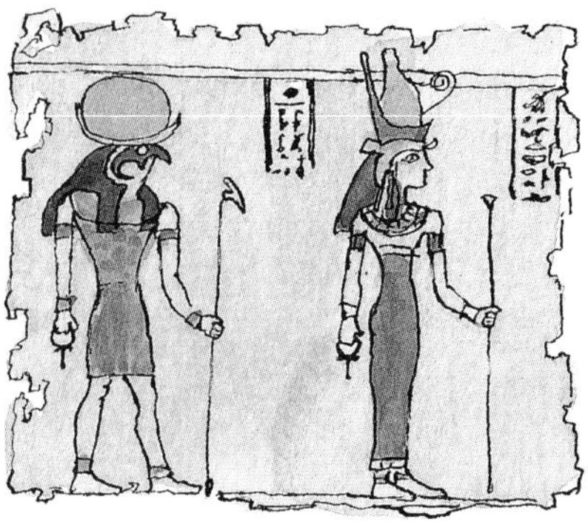

1. Britisches Museum

The British Museum is one of the most famous museums in the world. It has many different departments and is well-known for its Egyptian collection.

2. Naturhistorisches Museum

The Natural History Museum has a huge collection of plants and animals. Some of them no longer exist.

3. Naturwissenschaftliches Museum

The Science Museum covers aspects of science and technology. It contains cars, aeroplanes and the oldest locomotive in the world.

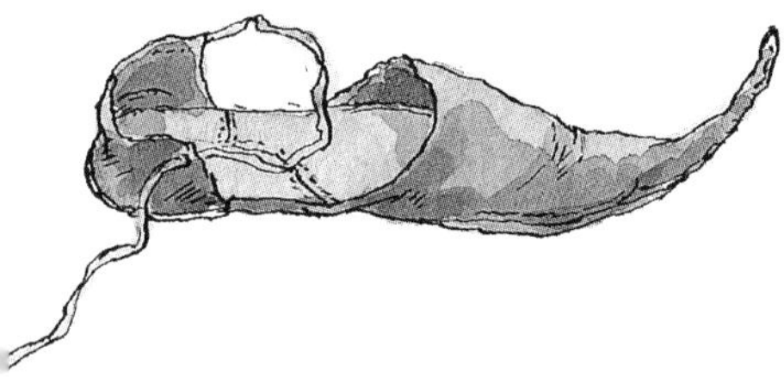

4. Museum für Stadtgeschichte

The Museum of London tells the history of London from its beginnings – when it was founded by the Romans – until today.

5. Kriegsmuseum

The Imperial War Museum contains models, weapons, paintings and other things connected with the two world wars. A huge warship, wich lies on the River Thames, also belongs to the museum.

6. Filmmuseum

In the exciting *Museum of the Moving Image* you can learn something about photography and film, television, video, movie stars, satellite and hologram technology.

7. Völkerkundemuseum

The Museum of Mankind has a big collection of objects, illustrating the culture of Australia, India, Asia, Europe, North and South America.

8. Museum der Kinderzeit

You can find all kinds of toys, puppets, old-fashioned games and dolls in the *Bethnal Green Museum of Childhood*.

Welches der hier gezeigten Dinge ist wohl in welchem Museum zu sehen?

Peter und Jane gehen zum Einkaufen in den Supermarkt.
Löse das Rätsel und du weißt, was auf ihrer Einkaufsliste steht.
Das Lösungswort in den grünen Kästchen verrät dir, was es bei den Smiths zum Nachtisch gibt.

An der Obst- und Gemüsetheke gibt es eine große Auswahl.
Kannst du die Namen der Obst- und Gemüsearten eintragen?
Die Wortteile helfen dir.

anges – ap – ap – ba – bage – ber – broc – cab – car – co – co – co – li – lons – ma – me – na – nas – nuts – or – pine – ples – ples – po – ries – rots – straw – ta – ter – to – toes – toes – wa

1.	7.
2.	8.
3.	9.
4.	10.
5.	11.
6.	12.

Jane und Peter besuchen den berühmten Tower of London. Früher diente er als königlicher Palast. Die königliche Familie wohnt aber schon lange nicht mehr dort. Angeblich halten sich jetzt andere Bewohner dort auf. Verbinde die Punkte in der richtigen Reihenfolge und du siehst einen von ihnen.

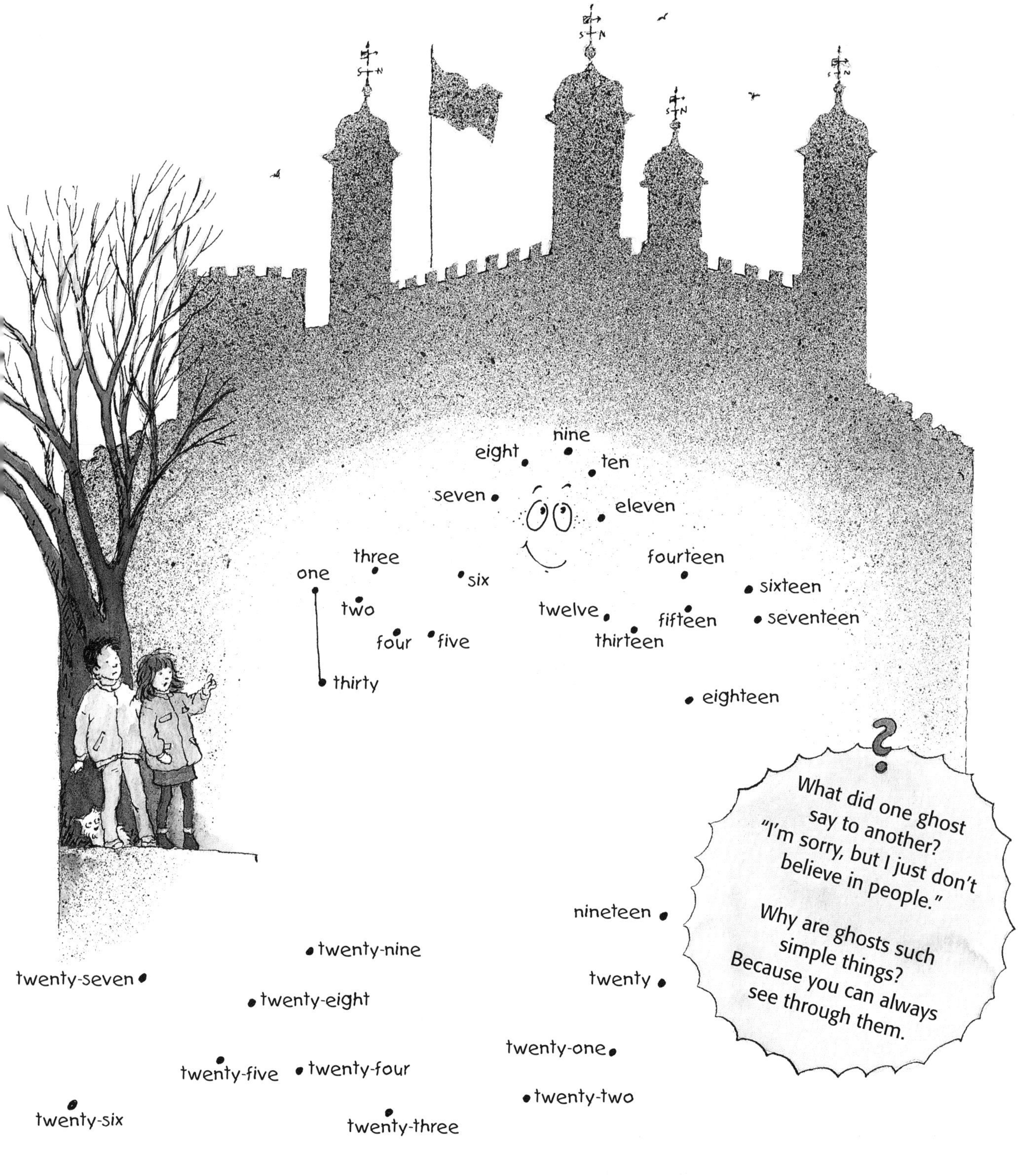

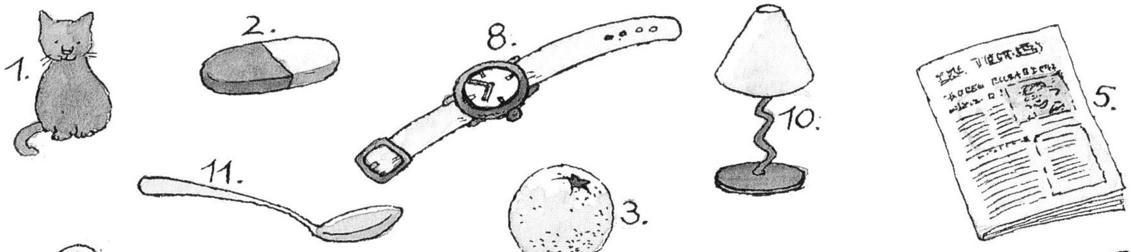

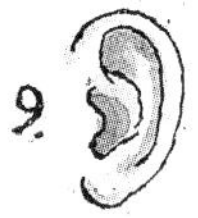

Welche berühmten und sehr kostbaren Ausstellungsstücke können Peter und Jane im Tower besichtigen? Trage die Anfangsbuchstaben der englischen Namen ein und du kennst das Lösungswort.

1	2	3	4	5

6	7	8	9	10	11

Für Jane fängt bald die Schule wieder an. Ergänze die fehlenden Buchstaben. Dann erfährst du, welche Fächer Jane haben wird.

G E O _ _ _ _ _ _	E N G _ _ _ _	C H E M I _ _ _ _
M A T _ _	H I S T O _ _	B I O _ _ _ _
S P _ _ _ _	F R E _ _ _	P H Y S _ _ _
G E R _ _ _		

Am letzten Ferientag möchten die beiden Janes Großmutter besuchen. Am Bahnhof funktionieren die Anzeigetafeln nicht. Die Buchstaben der Zielorte sind durcheinander geraten. Kannst du sie wieder ordnen? Tipp: Die Städte liegen in England, Schottland und Wales.

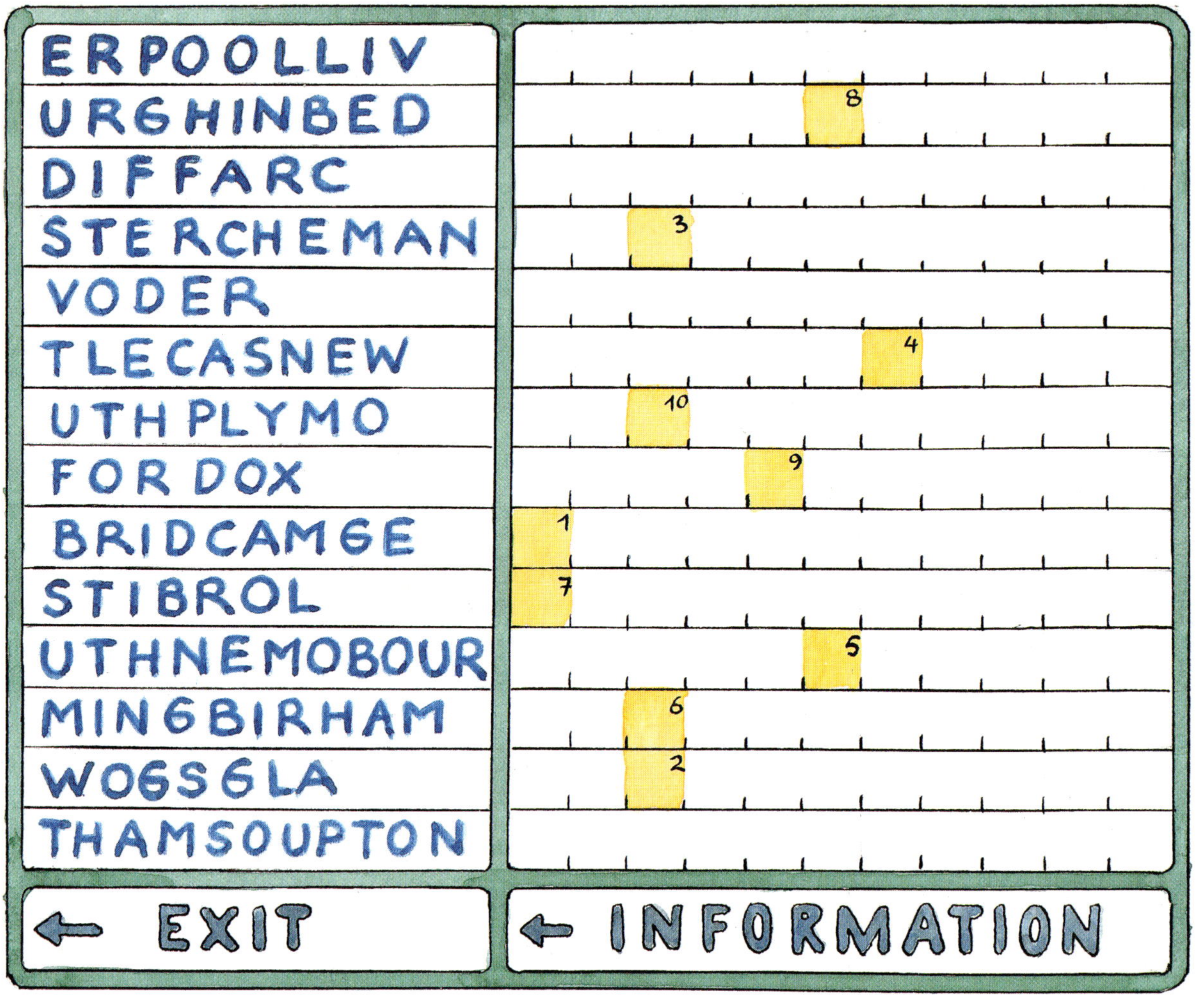

Die markierten Buchstaben ergeben den Namen der Stadt, in der Janes Großmutter wohnt. Die Stadt liegt in der Grafschaft Kent und ist wegen ihrer Kathedrale bekannt.

1	2	3	4	5	6	7	8	9	10

"A funny thing happened to my mother in Glasgow."
"Oh, really? I thought you were born in Liverpool."

Heute muss Peter wieder nach Hause zurückfliegen. Aus Versehen hat er seinen Zettel mit Flugnummer und Abflugzeit zerrissen. Kannst du ihm helfen und den Zettel wieder zusammensetzen?

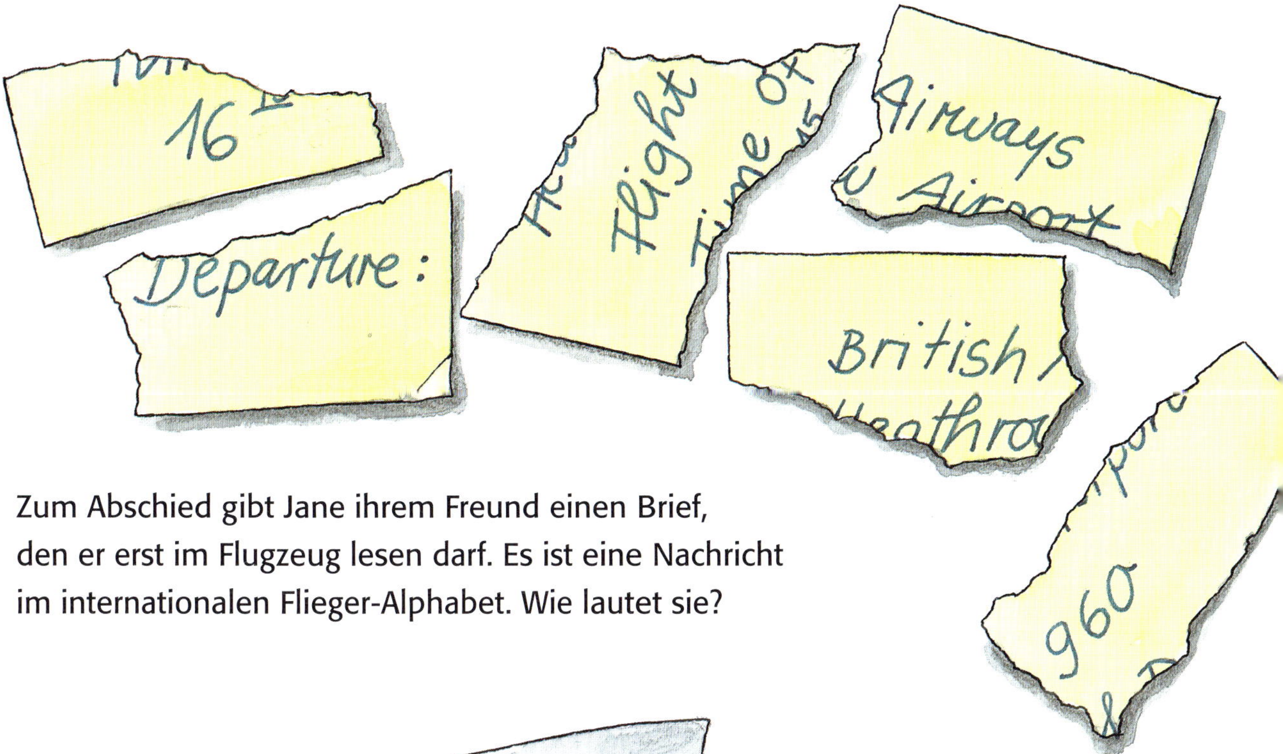

Zum Abschied gibt Jane ihrem Freund einen Brief, den er erst im Flugzeug lesen darf. Es ist eine Nachricht im internationalen Flieger-Alphabet. Wie lautet sie?

FLIEGER-ALPHABET

A	Alpha	**N**	November
B	Bravo	**O**	Oscar
C	Charlie	**P**	Papa
D	Delta	**Q**	Quebec
E	Echo	**R**	Romeo
F	Foxtrott	**S**	Sierra
G	Golf	**T**	Tango
H	Hotel	**U**	Uniform
I	India	**V**	Victor
J	Juliet	**W**	Whiskey
K	Kilo	**X**	X-ray
L	Lima	**Y**	Yankee
M	Mike	**Z**	Zebra

Seite 2:
Tim ist 19-mal zu sehen (mit Seite 31).

Seite 3:
Marchbank Road

Seite 4:

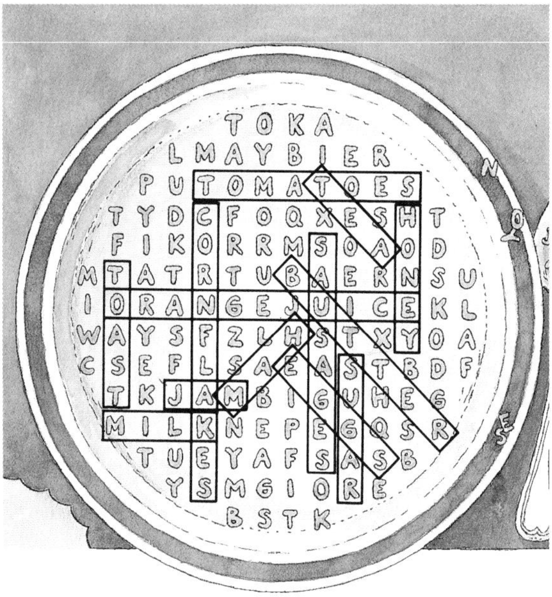

Seite 5:
train, motorbike, bicycle, taxi, underground, lorry, boat, horse, bus
Lösung: DOUBLE-DECKER (Doppeldecker)

Seite 6/7:
Houses of Parliament
Big Ben
Westminster Abbey
St Paul's Cathedral
Tower of London
Trafalgar Square
Piccadilly Circus
Hyde Park
Buckingham Palace
Lösung: LONDON BRIDGE IS FALLING DOWN

Seite 8:
1. Scotland
2. India
3. Japan
4. Saudi Arabia
5. United States
6. France
7. Kenya

Seite 9:
slow – fast
winter – summer
wet – dry
warm – cold
night – day
small – big
black – white
good – bad
long – short
answer – question
evening – morning
never – always
west – east
right – wrong
before – after
rain – sunshine
south – north
Lösung: TEDDY BEAR, TOY TRAIN (Spielzeug-Zug)

Seite 10:
1. shoe
2. coat
3. jacket
4. tie
5. jeans

Lösung: The coat makes the man
(Kleider machen Leute)

Seite 11:
Richtige Wörter: meat, lamb, beans, peaches, bag, floor, aunt, hat, chair, see, dog, too, three, beer, soap
Lösung: DEPARTMENT STORE (Kaufhaus)

Seite 12:
red, orange, pink, green, blue, yellow, white
Lösung: RAINBOW (Regenbogen)

Seite 13:
Flaggen: 1. Frankreich, 3. Italien, 4. Schweiz, 5. Deutschland, 6. Großbritannien
Falsche Flagge: Nr. 2

Hampton Court
Heathrow
Harrods
Hamley's
Hyde Park
HMS Belfast
Lösung: THAMES (Themse)

Seite 14:
Lösung: KINGS AND QUEENS

Seite 15:
Mrs Smith – B
Mr Smith – D
Jane – A
Peter – C

Seite 16/17:

1. **I**sland Gardens
2. **T**ottenham Court Road
3. **S**outhfields
4. **R**ussel Square
5. **A**ll Saints
6. **I**ckenham
7. **N**otting Hill Gate
8. (Highbury &) **I**slington
9. **N**ew Cross (Gate)
10. **G**reen Park
11. **C**ockfosters
12. **A**rchway
13. **T**emple
14. **S**wiss Cottage
15. **A**ldgate
16. **N**orth Acton
17. **D**ebden
18. **D**agenham Heathway
19. **O**xford Circus
20. **G**ants Hill
21. **S**tockwell

Lösung: IT'S RAINING CATS AND DOGS
(Es regnet in Strömen.)

Seite 18:
Sherlock Holmes und Dr. Watson

Seite 19:
A Lord Nelson, **B** Henry VIII., **C** Queen Elizabeth II., **D** Paul McCartney, **E** William Shakspeare, **F** Charles Dickens, **G** Queen Victoria
Lösung: CANDLES (Kerzen)

Seite 20:
kangaroos, crocodiles, polarbears
porcupine = Stachelschwein

Seite 21:
sealion, gorilla, elephant, hippo, penguin, camel, tiger, donkey, zebra
Lösung: ALLIGATOR (Alligator)

Seite 22/23:
1F, 2C, 3G, 4A, 5D, 6H, 7B, 8E

Seite 24:

1. milk	5. bread
2. cheese	6. beans
3. butter	7. ham
4. rice	8. lemon

Lösung: ICECREAM (Eiscreme)

Seite 25:

1. apples	7. oranges
2. bananas	8. potatoes
3. broccoli	9. strawberries
4. cabbage	10. pineapples
5. carrots	11. watermelons
6. coconuts	12. tomatoes

Seite 27:

1. cat	7. elephant
2. rubber	8. watch
3. orange	9. ear
4. window	10. lamp
5. newspaper	11. spoon
6. jacket	

Lösung: CROWN JEWELS (Kronjuwelen)

GEOGRAPHY, MATHS, SPORTS, GERMAN, ENGLISH, HISTORY, FRENCH, CHEMISTRY, BIOLOGY, PHYSICS

Seite 28:
Liverpool, Edinburgh, Cardiff, Manchester, Dover, Newcastle, Plymouth, Oxford, Cambridge, Bristol, Bournemouth, Birmingham, Glasgow, Southampton
Lösung: CANTERBURY

Seite 29:
British Airways
Heathrow Airport
Flight 960
Time of Departure: 16.15

GOODBYE! SEE YOU AGAIN IN LONDON, JANE.

SPIEL&SPASS

Unsere Spiel- und Spaßhefte:

3-473-**37764**-3

3-473-**37760**-0

3-473-**37752**-X

3-473-**37730**-9

3-473-**37735**-X

3-473-**37758**-9

3-473-**37740**-6

3-473-**37743**-0

3-473-**37747**-3